AF199442

Der Ramadan Mitmachkalender für Kinder

Spaß, Lernen & Gemeinschaft erleben
im Fastenmonat

SIBEL DEMIR

Impressum

© 2024 Sibel Demir

Verlagslabel: LOL Verlag
Druck und Distribution im Auftrag des Verlags:
Lovelypubli GmbH, Michaelkirchplatz 1, 10179
Berlin, Germany

Das Werk, einschließlich seiner Teile, ist
urheberrechtlich geschützt. Für die Inhalte ist
der Verlag verantwortlich. Jede Verwertung ist
ohne seine Zustimmung unzulässig. Die
Publikation und Verbreitung erfolgen im
Auftrag des Verlags, zu erreichen unter:
Lovelypubli GmbH, Michaelkirchplatz 1, 10179
Berlin, Germany.

SALAM UND WILLKOMMEN BEI DEINER ENTDECKUNGS-TOUR DURCH DEN RAMADAN!

Dieses Buch ist wie ein Reiseführer, der dich durch die Tage des heiligen Monats führen wird. An jedem Tag zeigt er dir den Weg zu einem kleinen Alltagsabenteuer. Du wirst knifflige Ramadan-Rätsel lösen, kunterbunte Deko basteln, dich an leckeren Iftar-Rezepten ausprobieren, kleine soziale Projekte starten – und vieles mehr!

Also, pack deine Stifte und deine Kreativität aus, und tauche ein in eine Welt voller Spiel, Spaß und Spannung!

BEVOR DU SO RICHTIG IN DIE HEILIGE RAMADANZEIT STARTEST, FINDEST DU HIER NOCH EINMAL EIN PAAR HINTERGRUNDINFORMATIONEN. VIELES DAVON WEISST DU WAHRSCHEINLICH LÄNGST – UND DOCH IST ES GUT, SICH IMMER WIEDER IN DEN KOPF ZU RUFEN, WIESO DER RAMADAN EINE SO BESONDERE ZEIT IST.

DER BESONDERE MONAT RAMADAN

Ramadan ist für dich und deine Familie eine ganz besondere Zeit. Dieser Monat wurde ausgewählt, weil in ihm der Koran, der Leitfaden für das Leben, herabgesandt wurde. In diesem Monat übst du dich im Fasten, was bedeutet, dass du von Sonnenaufgang bis Sonnenuntergang nichts isst und trinkst. Aber Ramadan ist mehr als das – es ist eine Zeit, in der du näher zu Allah kommst, indem du betest, den Koran liest und über deine Taten nachdenkst. Es ist auch eine Zeit der Gemeinschaft, des Mitgefühls und des Teilens.

TARAWIH – DAS BESONDERE NACHTGEBET

Im Ramadan hast du die besondere Gelegenheit, am Tarawih-Gebet teilzunehmen. Vielleicht gehst du mit deiner Familie zur Moschee, wo ihr zusammen mit vielen anderen betet. Im Tarawih hörst du die Verse des Korans, die von einem Imam vorgelesen werden. Dieses Gebet ist nicht nur eine Zeit, um Allah nahe zu sein, sondern auch, um die Gemeinschaft zu spüren. Es ist eine besondere Erfahrung, Teil dieser großen Gruppe von Betenden zu sein. Tarawih ist auch eine gute Zeit, um über die Worte des Korans nachzudenken.

NACHDENKEN ÜBER GUTE TATEN

Hast du schon mal darüber nachgedacht, wie du ein besserer Mensch sein kannst? Im Ramadan machen das viele. Du kannst dir überlegen, wie du anderen helfen oder freundlicher sein kannst. Vielleicht denkst du auch über Dinge nach, die du besser machen möchtest. Der Ramadan ist eine super Zeit, um über all diese Dinge nachzudenken und zu lernen, wie du jeden Tag ein bisschen besser werden kannst.

DAS FRÜHE FRÜHSTÜCK - SAHUR

Ganz früh am Morgen, noch bevor die Sonne aufgeht, bist du im Ramadan schon wach. Während viele deiner Freunde noch schlafen, genießt du bereits dein Sahur mit deiner Familie. Der Prophet Mohammed sagte, dass dieses frühe Essen etwas ganz Besonderes ist. Es hilft dir, den ganzen Tag nicht so hungrig oder durstig zu sein. Und es ist auch eine tolle Zeit, um mit deiner Familie zusammen zu sein, noch bevor der Tag beginnt.

IFTAR - GEMEINSAM DAS FASTEN BRECHEN

Iftar ist die Zeit des Tages, auf die du dich vielleicht am meisten freust. Wenn die Sonne untergeht, brichst du zusammen mit deiner Familie und Freunden das Fasten. Ihr beginnt oft mit dem Essen einer Dattel und Trinken von Wasser, gefolgt von einem leckeren Essen. Aber es ist nicht nur eine Mahlzeit, sondern auch eine Zeit, um Danke zu sagen – Danke für das Essen und dafür, dass du es mit deiner Familie teilen kannst.

ZAKAT AL-FITR - TEILEN MIT ANDEREN

Am Ende des Ramadans gibt deine Familie etwas Geld oder Essen an Menschen, die es brauchen. Das nennt man Zakat al-Fitr. Vielleicht hilfst du dabei, das Essen auszusuchen. So macht ihr jemandem ein Geschenk, der weniger hat als du. Dadurch sorgst du dafür, dass auch andere ein frohes Eid-Fest feiern können.

EID AL-FITR - EIN FEST DER FREUDE

Nach dem Fastenmonat feierst du Eid al-Fitr, ein Fest voller Freude und Dankbarkeit. Du trägst schöne Kleidung, besuchst Familie und Freunde und genießt leckere Speisen. Es ist auch eine Zeit, in der du Geschenke erhältst und gibst. Eid ist ein wunderbarer Abschluss für den Ramadan und eine Zeit, um sich über alles zu freuen, was du in den zurückliegenden Wochen geschafft hast.

Dein

Ramadankalender

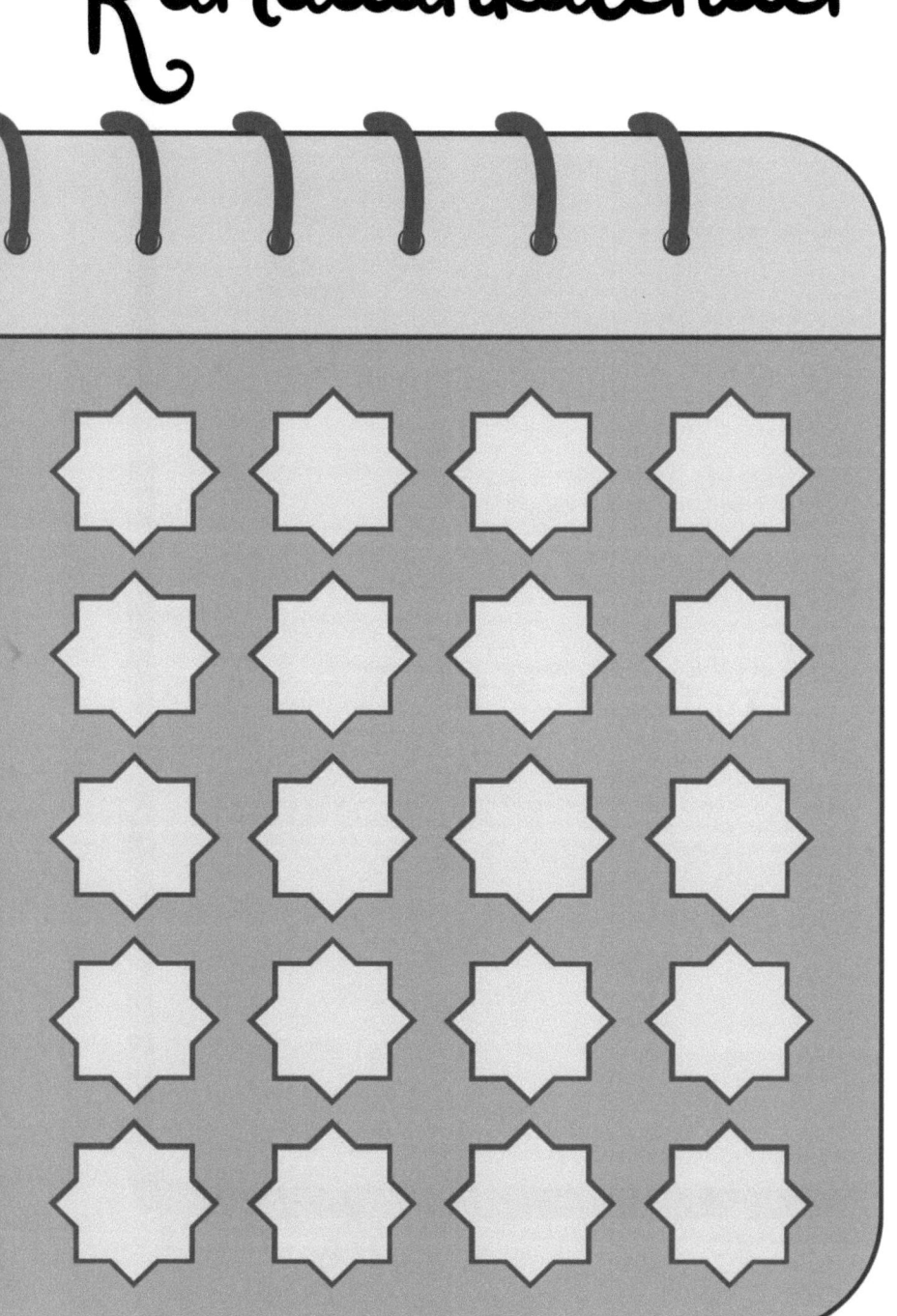

IN DIESER WOCHE MÖCHTE ICH ...

☐ mehr lernen über:

☐ meiner Familie helfen bei:

☐ diese gute Tat vollbringen:

☐ etwas Neues ausprobieren und zwar:

☐ mir jeden Tag ein paar Minuten Zeit nehmen für

☐ etwas Besonderes mit meiner Familie machen und zwar:

☐ jemandem eine Freude machen und zwar:

☐ mir selbst etwas Gutes tun, indem ich:

Sure 16, Vers 90 (An-Nahl, 90):

"Allah befiehlt Gerechtigkeit und das Gute zu tun
und den Verwandten zu geben,
und Er verbietet Unanständigkeit
und Schlechtes und Unterdrückung."

Allah ist wie ein liebevoller Lehrer. Er gibt uns Regeln, an die wir uns halten sollen – damit es uns und den Menschen in unserem Leben gut geht. Er sagt uns, dass wir immer fair zu anderen sein, nett handeln und uns um unsere Familien kümmern sollen. Wenn du zum Beispiel im Park spielst und jemand keinen Spielkameraden hat, könntest du ihn einladen, mit dir zu spielen. Allah möchte nicht, dass wir gemein sind oder lügen. Er erinnert uns daran, immer das Beste zu geben und für andere da zu sein.

Was möchtest du heute Gutes tun?

"Und wende nicht verächtlich deine Wange den Menschen zu und wandle nicht hochmütig auf Erden."

In diesem Vers sagt Allah uns, wir sollten nicht angeberisch sein und uns nicht für besser halten als andere. Wenn du zum Beispiel eine gute Note in der Schule bekommst, ist es schön, aber du solltest nicht damit prahlen. Es ist besser, freundlich und bescheiden zu sein. Allah freut sich, wenn wir anderen gegenüber respektvoll sind und nicht so tun, als wären wir die Allerbesten.

Fällt dir ein Erlebnis ein, wo du bescheiden warst? Oder hast du doch mal geprahlt?

Gebetskette selber basteln

HEUTE KANNST DU DEINE EIGENE GEBETSKETTE BASTELN. SO KANNST DU DEINE GEBETE GANZ EINFACH ZÄHLEN – DIE KETTE HILFT DIR DABEI, DICH AUF DAS GEBET ZU KONZENTRIEREN. AUSSERDEM KANNST DU SIE GANZ NACH DEINEM GESCHMACK GESTALTEN!

Du brauchst: Perlen (33 oder 99, je nach Tradition), Schnur oder einen dünnen Faden, eine Schere, eventuell eine Nadel, um den Faden durch die Perlen zu ziehen, etwas zum Verzieren der Gebetskette, wie z.B. kleine Anhänger

So gehst du vor:

1. Entscheide, wie viele Perlen deine Gebetskette haben soll – 33 oder 99 sind üblich. Schneide dann ein Stück Schnur ab, das lang genug ist, um alle Perlen aufzufädeln und noch etwas Platz zum Knoten lässt.
2. Beginne damit, die Perlen auf die Schnur zu fädeln. Wenn du eine Nadel hast, kannst du sie verwenden, um es einfacher zu machen.
3. Wenn alle Perlen aufgefädelt sind, binde die Enden der Schnur zusammen, um einen Kreis zu bilden. Achte darauf, dass der Knoten fest und sicher ist.
4. Du kannst deine Gebetskette noch mit kleinen Anhängern oder Stickern verschönern, um sie persönlicher zu gestalten.
5. Deine Gebetskette ist nun fertig! Du kannst sie beim Beten verwenden oder an einen besonderen Platz in deinem Zimmer hängen.

Sure 49, Vers 13 (Al-Hujurat, 13)

"O ihr Menschen, Wir haben euch aus Mann und Frau erschaffen und euch zu Völkern und Stämmen gemacht, damit ihr einander kennenlernt."

Dieser Vers erinnert uns daran, wie schön es ist, dass jeder Mensch unterschiedlich ist. Es ist bereichernd, Menschen aus anderen Kulturen und mit anderen Ansichten kennenzulernen. Allah möchte, dass wir Freunde finden, die anders sind als wir, und von ihnen lernen. Vielleicht hast du einen Freund, der andere Feiertage feiert oder andere Speisen isst. Indem wir einander kennenlernen, merken wir, wie bunt und interessant die Welt ist. Allah sagt, dass der beste Mensch der ist, der andere respektiert und liebt.

Du kennst bestimmt Kinder, die andere Sprachen sprechen, aus anderen Ländern kommen oder andere Meinungen haben als du. Überleg dir mal an einem Beispiel: Was ist daran gut?

Finde den Weg zum Iftar-Essen

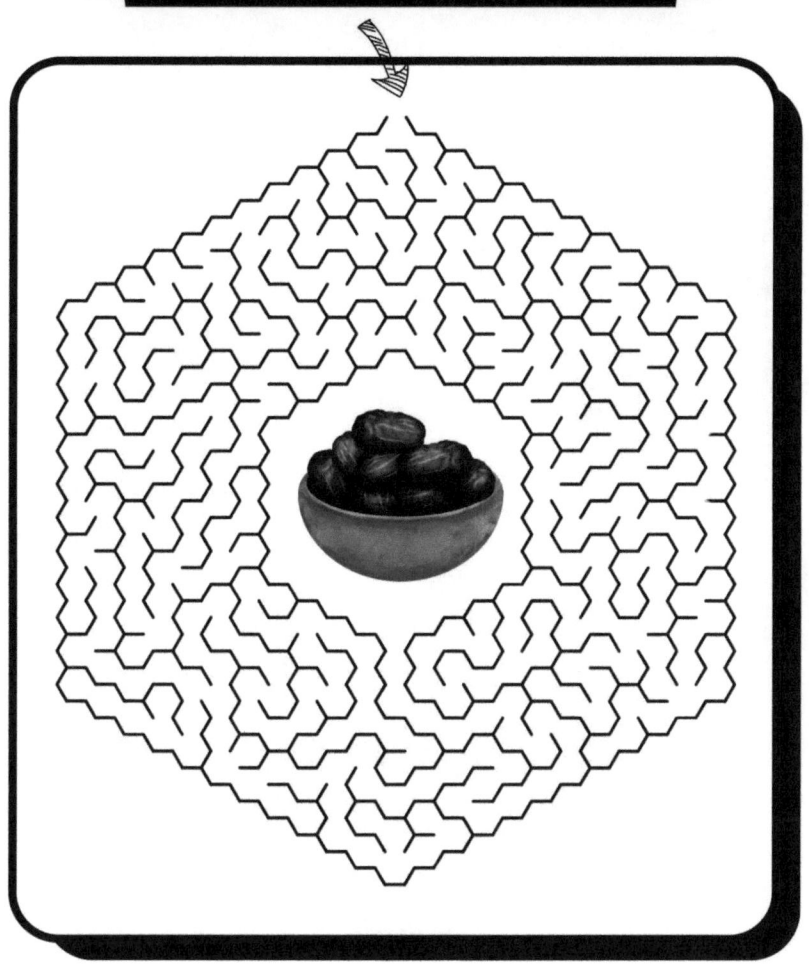

Sure 2, Vers 263 (Al-Baqarah, 263)

"Ein gutes Wort und Verzeihen sind besser als Almosen, gefolgt von Kränkung."

In diesem Vers sagt Allah, dass es manchmal besser ist, freundlich zu sein und zu verzeihen, als Geschenke zu machen und andere danach zu verletzen. Wenn du zum Beispiel einen Streit mit deinem Freund hast, ist es besser, ihm zu vergeben und nett zu ihm zu sein, anstatt einfach ein Geschenk zu geben. Allah mag es, wenn wir nett zueinander sind und einander verzeihen, auch wenn es manchmal schwer ist.

Hast du dich schon mal so richtig über jemanden geärgert und konntest der Person danach aber verzeihen? Wie hat sich das angefühlt?

Der Ramadan ist eine gute Zeit, um öfter mal in dich hineinzuhören. Wie geht es dir gerade? Male oder schreibe deine Stimmung hier auf.

Sure 2, Vers 177 (Al-Baqarah, 177):

"Es ist keine Frömmigkeit, dass ihr eure Gesichter gen Osten oder Westen wendet, sondern fromm ist, wer an Allah glaubt, am Jüngsten Tag, an die Engel, an das Buch und an die Propheten, und wer von seinem Vermögen, trotz Liebe dazu, den Verwandten, den Waisen, den Bedürftigen, dem Reisenden, den Bettlern und für die Befreiung von Sklaven gibt."

Dieser Vers sagt uns, dass es im Islam nicht nur um äußere Dinge wie die Richtung des Gebets geht, sondern um das, was wir im Herzen tragen. Echte Güte zeigt sich darin, dass wir an Allah glauben und anderen Menschen helfen, besonders denen, die Unterstützung brauchen. Wenn du zum Beispiel jemanden siehst, der hungrig ist, könntest du ihm etwas zu essen geben. Oder du könntest altes Spielzeug an Kinder spenden, die nicht so viel haben. Es geht darum, mit dem Herzen Gutes zu tun.

Erinnere dich an eine gute Tat von dir (egal, wie klein sie dir auch erscheinen mag). Was hast du gemacht und wie hast du dich dabei gefühlt?

Rezept für Iftar

HEUTE KANNST DU DEINER FAMILIE BEI DEN VORBEREITUNGEN FÜR EUER LECKERES IFTAR-ESSEN HELFEN. VIELLEICHT WILLST DU VERSUCHEN, EIN EIGENES REZEPT AUSZUPROBIEREN? WIE WÄR'S MIT EINEM LEICHTEN BEEREN-JOGHURT ALS NACHTISCH?

Du brauchst: · 2 Tassen Naturjoghurt, 1 Tasse gemischte Beeren (wie Erdbeeren, Blaubeeren, Himbeeren), 4 Esslöffel Honig oder Ahornsirup, 2 kleine Handvoll Nüsse oder Mandeln (optional), Ein paar Minzblätter zur Dekoration

So gehst du vor:

1. Wenn du frische Beeren verwendest, wasche sie gut ab. Bei gefrorenen Beeren lass sie ein wenig bei Raumtemperatur auftauen. Wenn du möchtest, kannst du die Erdbeeren in kleinere Stücke schneiden.

2. Gib den Naturjoghurt in eine große Schüssel. Du kannst den Joghurt mit einem Löffel etwas glatt streichen, damit es schön aussieht.

3. Verteile die Beeren gleichmäßig über den Joghurt. Du kannst die Beeren nach Farben sortieren oder sie einfach bunt mischen.

4. Träufle den Honig oder Ahornsirup über den Joghurt und die Beeren. Dies gibt eine natürliche Süße.

5. Wenn du möchtest, kannst du jetzt die Nüsse oder Mandeln über den Nachtisch streuen. Sie geben einen leckeren Crunch und sind gesund.

6. Zum Schluss kannst du ein paar Minzblätter zur Dekoration oben auf den Nachtisch legen. Das sieht nicht nur schön aus, sondern gibt auch einen frischen Geschmack.

Sure 31, Vers 17
(Luqman, 17)

"O mein lieber Sohn, verrichte das Gebet und gebiete das Gute und verbiete das Schlechte und sei geduldig in dem, was dich trifft."

Hier gibt ein Vater seinem Kind gute Ratschläge fürs Leben. Er sagt ihm, es soll regelmäßig beten und immer versuchen, Gutes zu tun und schlechte Dinge zu vermeiden. Zum Beispiel, wenn du siehst, dass jemand in der Schule geärgert wird, kannst du helfen, statt wegzuschauen. Der Vater sagt auch, dass wir geduldig sein sollen, wenn uns schwierige Dinge passieren. Manchmal ist es nicht leicht, aber Geduld hilft uns, stärker zu werden.

Bei welchen Dingen bist du geduldig? Und bei welchen so gar nicht?

Quizfragen zum Ramadan

WAS PASSIERT IN DER NACHT VON LAYLAT AL-QADR?

A) Alle fasten die ganze Nacht.
B) Die ersten Verse des Korans wurden offenbart.
C) Muslime, Christen und Juden feiern zusammen.

WAS BEDEUTET DAS WORT 'RAMADAN'?

A) Ein großes Fest feiern
B) Es bedeutet übersetzt „hungern"
C) Brennende Hitze oder Trockenheit

WAS MACHEN MUSLIME AM ENDE DES RAMADANS?

A) Sie gehen auf eine lange Reise namens Eid al-Sitl
B) Sie feiern ein Fest namens Eid al-Fitr
C) Sie tanzen einen Tanz namens Eid al-Dikr

Sure 2, Vers 286 (Al-Baqarah, 286)

"Allah fordert von niemandem über dessen Vermögen hinaus. Und bei Allah wird jede Seele nur nach dem belohnt, was sie erworben hat, und gegen sie wird nur wegen dessen vorgegangen, was sie begangen hat."

Dieser Vers beruhigt uns, dass Allah versteht, was wir leisten können. Er weiß, dass jeder Mensch anders ist und unterschiedliche Fähigkeiten hat. Wenn du zum Beispiel Schwierigkeiten in einem Schulfach hast, weiß Allah, dass du dein Bestes gibst. Er wird uns für die guten Dinge belohnen, die wir tun, und uns helfen, aus unseren Fehlern zu lernen. Allah ist immer fair und verständnisvoll.

Gibt es etwas, wo du besonders darauf hoffst, dass Allah dich versteht?

Kleine Origami-Ecken-Lesezeichen basteln

HEUTE WIRST DU EIN TOLLES ORIGAMI-LESEZEICHEN BASTELN, DAS IN DIE ECKE DEINES BUCHES PASST. PERFEKT FÜR DEINE TÄGLICHEN KORAN-LESEEINHEITEN.

Du brauchst: Ein quadratisches Stück Papier (15x15 cm ist eine gute Größe), Buntstifte, Filzstifte oder Marker zum Dekorieren, Wenn du möchtest: Aufkleber oder Glitzer für zusätzliche Verzierungen

So gehst du vor:

1. Lege ein quadratisches Stück Papier auf die Tischplatte, so dass eine Ecke nach oben zeigt.
2. Falte es in der Mitte zusammen, indem du die untere Ecke zur oberen bringst, um ein Dreieck zu bilden.
3. Nimm jetzt die untere linke Ecke und falte sie zur oberen Mittelpunktspitze. Gut falten und festkleben.
4. Wiederhole das mit der rechten Ecke.
5. Drehe das Papier um.
6. Nimm nur die obere Lage des Papiers und falte die untere Spitze nach oben zur oberen Spitze. Gut falten und dann wieder aufklappen.
7. Falte dann dieselbe Spitze nach unten und stecke sie in die Tasche, die entstanden ist, indem du vorsichtig die äußeren Ecken zusammendrückst.

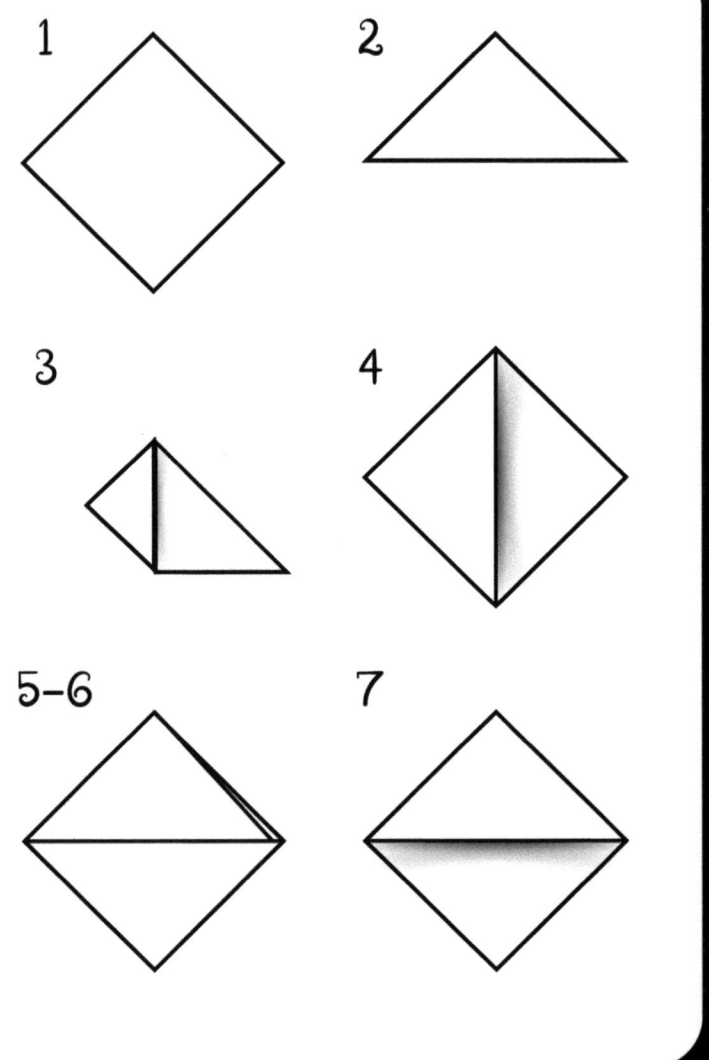

IN DIESER WOCHE MÖCHTE ICH ...

☐ mehr lernen über:

☐ meiner Familie helfen bei:

☐ diese gute Tat vollbringen:

☐ etwas Neues ausprobieren und zwar:

☐ mir jeden Tag ein paar Minuten Zeit nehmen für:

☐ etwas Besonderes mit meiner Familie machen und zwar:

☐ jemandem eine Freude machen und zwar:

☐ mir selbst etwas Gutes tun, indem ich:

Sure 14, Vers 34 (Ibrahim, 34)

"Und Er hat euch alles gegeben, worum ihr Ihn gebeten habt. Und wenn ihr Allahs Wohltaten aufzählen wolltet, könntet ihr sie nicht erfassen."

In diesem Vers werden wir daran erinnert, wie viel Allah uns gibt. Manchmal wünschen wir uns Dinge, und Allah erfüllt diese Wünsche. Aber oft sind es die kleinen Dinge, die wirklich zählen, wie ein schöner Tag mit der Familie oder ein gutes Gespräch mit einem Freund. Wir sollten immer daran denken, dankbar für alles zu sein, was wir haben, auch die Dinge, die wir für selbstverständlich halten.

Wofür bist du in deinem Leben dankbar?

Sure 2, Vers 153 (Al-Baqarah, 153)

"O ihr, die ihr glaubt, sucht Hilfe in Geduld und Gebet! Allah ist mit den Geduldigen."

In diesem Vers werden wir daran erinnert, dass Gebet und Geduld uns helfen können, schwierige Zeiten zu überstehen. Stell dir vor, du hast einen schlechten Tag, weil etwas nicht so läuft, wie du es dir wünschst. In solchen Momenten kannst du zu Allah beten und um Hilfe bitten. Geduld zu haben bedeutet, ruhig zu bleiben und zu warten, denn oft werden die Dinge wieder besser. Allah ist immer bei denen, die geduldig und ruhig bleiben, auch wenn es manchmal schwierig ist.

Was glaubst du, warum ist es gut, Geduld zu haben?

Sudoku

Das Ziel von Sudokus ist es, jede Zeile, jede Spalte und jedes 3x3-Unterquadrat mit den Zahlen von 1 bis 9 zu füllen, ohne dass sich Zahlen wiederholen. Du fügst Zahlen so hinzu, dass in jeder Zeile, Spalte und jedem Unterquadrat jede Zahl von 1 bis 9 nur einmal vorkommt.

	6		1		9			5
3		9	2		7	6		1
2	7	1	8	5			3	
9						1	6	4
5	3	4				2		8
1	2		4	7	8			3
7			6		9	3	1	2
6		2	3	1	5	8	4	7
8			7	2		9	5	

Sure 103, Verse 1-3 (Al-Asr, 1-3)

"Bei der Zeit! Gewiss, der Mensch ist im Verlust, außer denjenigen, die glauben, gute Taten tun, einander zur Wahrheit raten und einander zur Geduld raten."

In diesen Versen spricht Allah über die Wichtigkeit der Zeit und dass wir sie sinnvoll nutzen sollen. Er sagt, dass Menschen, die glauben, Gutes tun, sich gegenseitig helfen und geduldig sind, ein erfülltes Leben haben. Wenn du zum Beispiel einem Freund hilfst, geduldig bist, wenn etwas nicht sofort klappt, und immer versuchst, das Richtige zu tun, dann nutzt du deine Zeit gut.

Was kannst du tun, um deine Zeit gut zu nutzen?

Ideen für soziale Projekte

RAMADAN IST EINE WUNDERBARE ZEIT, UM ANDEREN MENSCHEN ZU HELFEN. ABER WAS GENAU KANNST DU TUN, AUCH WENN DU NICHT VIEL GELD HAST UND ZUR SCHULE GEHST? HIER SIND EIN PAAR IDEEN. VIELLEICHT WILLST DU HEUTE SCHON EINE DER IDEEN PLANEN ODER DURCHFÜHREN?

HILF DEINER FAMILIE IM HAUSHALT

Eine tolle Möglichkeit, deiner Familie zu helfen, ist die Unterstützung im Haushalt. Du könntest zum Beispiel den Geschirrspüler ausräumen oder beim Wäscheaufhängen helfen. Das sind kleine Aufgaben, die deine Eltern sicher sehr schätzen werden.

MACH DEINEN PARK ODER SCHULHOF SAUBER

Schnapp dir Handschuhe und Müllbeutel und mach eine Aufräumaktion! Vielleicht kannst du deine Freunde oder deine Klasse dazu bringen, mitzumachen. Euer Lieblingsplatz oder Schulhof wird danach viel schöner aussehen und die Natur wird es euch danken!

BASTEL GRUSSKARTEN FÜR ÄLTERE MENSCHEN

Wie wäre es, wenn du fröhliche Karten für Menschen in einem Seniorenheim bastelst? Deine Karten können jemandem ein großes Lächeln schenken. Du kannst malen, kleben und deiner Kreativität freien Lauf lassen.

KOCHE FÜR BEDÜRFTIGE

Frag deine Eltern, ob ihr zusammen eine Mahlzeit für Menschen kochen könnt, die Hilfe brauchen. Du könntest einfache Sandwiches machen oder eine Suppe kochen. Es ist ein tolles Gefühl, anderen zu helfen.

Sure 49, Vers 11
(Al-Hujurat, 11)

"O ihr, die ihr glaubt, lasst eine Gruppe nicht über eine andere Gruppe spotten."

Allah sagt uns, dass wir andere Menschen nicht auslachen oder über sie Witze machen sollen. Jeder ist auf seine eigene Art besonders. Stell dir vor, jemand lacht über dich, weil du etwas nicht so gut kannst – das würde dich traurig machen. Genau so fühlen sich andere, wenn wir sie auslachen. Es ist besser, freundlich zu sein und andere zu ermutigen, anstatt sie runterzumachen.

Bestimmt hast du es schon einmal erlebt, dass jemand ausgelacht wurde. Was hast du in dem Moment gedacht und gefühlt?

Bastelidee Mond- und Sternengirlande

HEUTE WIRST DU EINE WUNDERSCHÖNE MOND- UND STERNENGIRLANDE BASTELN, DIE DU IN DEINEM ZIMMER AUFHÄNGEN KANNST. SIE WIRD WIE EIN KLEINER STERNENHIMMEL AUSSEHEN.

Du brauchst: Gelbes oder goldenes Papier (für die Sterne), weißes oder silbernes Papier (für den Mond), eine Schere, einen Bleistift, Schnur oder dünnen Faden, Klebeband

So gehst du vor:

1. Zeichne zuerst Sterne und einen Mond auf das Papier.
2. Schneide die Sterne und den Mond vorsichtig aus.
3. Schneide jetzt ein langes Stück Schnur (z.B. 1,5m) und so viele kürzere Stücke Schnur (z.B. 20cm) ab, wie du Sterne und Monde hast. Die kurzen Stücke Schnur können auch unterschiedlich lang sein.
4. Lege jetzt nacheinander ein kurzes Stück Schnur über das lange Stück Schnur, sodass der kurze Faden doppelt ist.
5. Die beiden Enden des kurzen Fadens klebst du jetzt mit einem Stück Klebeband auf der Rückseite deines ersten Sterns fest.
6. So gehst du Stern für Stern und Mond für Mond vor.
7. Am Ende kannst du an die Endstücke der Girlande eine Schlaufe binden, sodass du sie besser aufhängen kannst.

Sure 6, Vers 141
(Al-An'am, 141)

"Er ist es, Der Gärten wachsen lässt, sowohl die, die man bearbeitet, als auch die, die man nicht bearbeitet."

Dieser Vers erinnert uns daran, dass Allah für die ganze Natur sorgt – aber auch unsere „inneren Gärten" sieht. Stell dir vor, in jedem von uns gibt es einen kleinen Garten. Dieser Garten besteht aus unseren Gedanken, Gefühlen und Träumen. Allah hilft uns, diesen Garten wachsen zu lassen. Manche Teile des Gartens brauchen unsere Aufmerksamkeit und Pflege, wie wenn wir lernen oder üben, freundlich zu sein. Das ist wie das Gießen und Jäten im Garten. Aber es gibt auch Teile in uns, die von allein wachsen, wie unsere Vorstellungskraft oder unsere Träume. Allah sorgt dafür, dass alles in uns wachsen und blühen kann, sowohl das, worum wir uns kümmern, als auch das, was von selbst wächst – und wir manchmal vielleicht gar nicht bewusst wahrnehmen. Es zeigt uns, dass wir alles haben, was wir brauchen, um zu starken Menschen heranzuwachsen.

Male hier ein Bild von deinem inneren Garten.

Wörtersuche

M	E	K	D	Q	W	M	U	F	S	O	D	Q
X	U	G	Z	I	Q	O	Y	Z	G	S	H	C
I	I	F	T	A	R	N	D	Q	H	T	F	H
T	E	I	D	E	A	D	Y	R	X	U	A	S
M	D	T	E	S	A	H	U	R	R	R	S	B
S	O	L	L	Z	D	V	N	X	E	A	T	Y
K	B	S	T	T	I	H	B	M	I	M	E	B
C	S	S	C	D	U	K	K	L	C	A	N	E
C	Z	Y	L	H	L	O	O	T	S	D	U	R
E	H	A	G	J	E	G	A	R	I	A	A	J
A	I	C	K	E	P	E	D	X	A	N	M	Z
D	M	P	A	A	O	A	W	V	K	N	N	L
K	J	A	L	P	T	O	H	M	N	G	W	R

DIESE WÖRTER SIND VERSTECKT:

ZAKAT   FASTEN   KORAN   EID   SAHUR

RAMADAN   MOSCHEE   IFTAR   MOND

Sure 93, Verse 1-4
(Ad-Duha, 1-4)

"Bei der Morgendämmerung! Und bei der Nacht, wenn sie still wird! Dein Herr hat dich weder verlassen noch verabscheut."

In diesen Versen sagt uns Allah, dass er immer bei uns ist, auch wenn wir uns manchmal alleine fühlen. Wie die Sonne jeden Morgen aufgeht, ist Allahs Liebe immer da. Selbst in der dunklen Nacht, wenn alles still ist, ist Allah bei uns. Wir sind nie wirklich allein, weil Allah immer auf uns aufpasst.

Wie fühlt sich das an, zu wissen, dass Allah immer bei dir ist?

Fotochallenge: Dein Iftar in Bildern

WIE GEHT'S DIR HEUTE? HALTE DEINE STIMMUNG IN LUSTIGEN FOTOS FEST!

SO GEHT ES MIR VOR DEM IFTAR:

... SO BEIM GROSSEN IFTAR-ESSEN:

... UND SO DANACH:

Sure 20, Vers 131 (Ta-Ha, 131)

"Und strecke deine Augen nicht nach dem aus, was wir manchen Paaren von ihnen zum Genuss des irdischen Lebens gegeben haben."

Dieser Vers erinnert uns daran, nicht neidisch auf das zu sein, was andere haben. Jeder hat seine eigenen besonderen Dinge und Talente. Es ist wie in der Schule, wenn ein anderer Schüler ein neues Spielzeug hat: Es ist okay, es toll zu finden, aber wir sollten zufrieden sein mit dem, was wir haben. Allah möchte, dass wir dankbar sind und uns auf unsere eigenen Segnungen konzentrieren.

Bestimmt warst du auch schon mal neidisch auf etwas, was jemand anderes hatte. Das ist ganz normal. Wichtig ist, dass du das merkst, es der anderen Person trotzdem gönnst und nicht vergisst, was du eigentlich alles hast. Überleg mal, auf was warst oder bist du ein bisschen neidisch?

Erkenne die 5 Unterschiede

IN DIESER WOCHE MÖCHTE ICH ...

☐ mehr lernen über:

☐ meiner Familie helfen bei:

☐ diese gute Tat vollbringen:

☐ etwas Neues ausprobieren und zwar:

☐ mir jeden Tag ein paar Minuten Zeit nehmen für:

☐ etwas Besonderes mit meiner Familie machen und zwar:

☐ jemandem eine Freude machen und zwar:

☐ mir selbst etwas Gutes tun, indem ich:

Sure 41, Vers 34
(Fussilat, 34)

"Und nicht gleich sind das Gute und das Böse. Weiche dem Bösen mit dem Besten aus."

Allah sagt uns hier, dass wir, wenn jemand gemein zu uns ist, nicht auch gemein reagieren sollen. Es ist wie auf dem Spielplatz: Wenn jemand nicht nett zu dir ist, versuche, trotzdem freundlich zu sein. Manchmal kann ein freundliches Wort oder eine nette Geste eine schlechte Situation viel besser machen. Aber Achtung: Du musst dir auch nicht alles gefallen lassen! Du darfst auch deutlich Grenzen setzen und „Stopp!" sagen, wenn andere gemein sind!

Denke dir eine Situation aus, wo es gut wäre, freundlich zu bleiben, auch wenn jemand anderes unfreundlich war. Lass dir dann noch einen Moment einfallen, wo es wichtiger ist, klar und deutlich eine Grenze zu setzen.

Sure 2, Vers 261
(Al-Baqarah, 261)

"Das Gleichnis derjenigen, die ihr Vermögen auf dem Weg Allahs ausgeben, ist wie das Gleichnis eines Korns, das sieben Ähren wachsen lässt; in jeder Ähre sind hundert Körner."

In diesem Vers erklärt Allah, dass wenn wir anderen helfen oder Gutes tun, es so ist, als ob wir Samen pflanzen, die dann viel Frucht bringen. Es ist wie beim Gärtnern: Wenn du eine Pflanze sorgfältig pflegst, wird sie wachsen und gedeihen. So ist es auch, wenn wir Gutes tun – es kommt viel Gutes zurück.

Male ein Bild von einem Samenkorn, das einer schönen Pflanze wächst.

Ein Glas voll Glück und Dankbarkeit

Suche dir ein leeres Glas. Vielleicht hast du ein schönes Glas oder du spülst ein leeres Marmeladenglas gründlich aus und beklebst es. Das wird jetzt euer Familien-Ramadan-Glücks-Glas. Jeder in deiner Familie kann jeden Tag einen oder mehrere Zettel in das Glas einwerfen. Vielleicht wollt ihr kleine Momente aufschreiben, die euren Tag verschönert haben? Oder wofür ihr dankbar seid? Oder was ihr euch und den anderen in der Familie wünscht? Oder auch einfach ein schönes Zitat, was euch gefällt? Ihr könnt auch verschiedene Farben verwenden. Zum Beispiel rot für besonders schöne Momente, gelb für alles, wofür ihr dankbar seid, grün für eure Wünsche und Hoffnungen etc. Werdet kreativ und werft fleißig Zettel ein! Am Ende des Ramadans könnt ihr euer Glas öffnen und euch die Zettel vorlesen. Bestimmt ist auch die ein oder andere Überraschung dabei!

Sure 16, Vers 125 (An-Nahl, 125)

"Rufe zum Weg deines Herrn mit Weisheit und schöner Ermahnung, und streite mit ihnen in bester Weise."

Dieser Vers lehrt uns, dass wir mit anderen in freundlicher und kluger Art und Weise über unseren Glauben sprechen sollen. Wenn du mit jemandem über den Islam oder andere Dinge sprichst, ist es wichtig, respektvoll und verständnisvoll zu sein, auch wenn sie eine andere Meinung haben.

Hast du schon mal mit anderen über den Islam gesprochen?

Finde deinen Weg zur Moschee

Sure 49, Vers 10 (Al-Hujurat, 10)

"Die Gläubigen sind ja Brüder, so stiftet Frieden zwischen euren Brüdern."

· Allah möchte, dass wir alle wie eine große Familie sind und uns gegenseitig helfen. Wenn deine Freunde sich streiten, kannst du versuchen, ihnen zu helfen, sich wieder zu vertragen. Es ist wichtig, dass wir immer versuchen, Frieden zu schaffen und freundlich zueinander zu sein.

Was kannst du tun, um einen Streit zwischen deinen Freunden zu schlichten?

Spielzeug und Bücher aussortieren und spenden

Hast du Spielzeug, Bücher oder Kleidung, die du nicht mehr brauchst? Dann kannst du anderen Kindern eine Freude machen, indem du sie spendest! Das ist eine tolle Idee, weil du so Dinge, die du nicht mehr benutzt, sinnvoll weitergibst. Außerdem hilfst du damit Kindern, die vielleicht nicht so viele Spielsachen haben. Du kannst deine Spenden an Wohltätigkeitsorganisationen, Kinderheime oder lokale Sammelstellen geben. Manchmal gibt es auch in Schulen oder Moscheen Sammelaktionen. Frag deine Eltern, wo in eurer Nähe du spenden kannst, und mach jemandem mit deinen alten Schätzen eine große Freude!

Sure 30, Vers 22
(Ar-Rum, 22)

"Und zu Seinen Zeichen gehört die Erschaffung der Himmel und der Erde und die Verschiedenheit eurer Sprachen und Farben."

Dieser Vers erinnert uns daran, wie wunderbar und verschieden die Welt ist. Menschen sprechen verschiedene Sprachen und sehen unterschiedlich aus - und das ist etwas Schönes! Es ist, als hätte Allah einen Garten mit vielen verschiedenen Blumen gemacht. Jede Blume ist einzigartig und besonders und macht den Garten bunt. Genauso machen auch unsere Unterschiede das Leben bunt.

Was macht für dich die Welt so spannend und bunt?

Quizfragen zum Ramadan

WER WAR DER ERSTE MENSCH, DER DEN KORAN AUFSCHRIEB?

A) Der Prophet Mohammed
B) Der Prophet Musa
C) Die Gefährten des Propheten Mohammed

WELCHE SURE WIRD OFT ALS DAS "HERZ DES KORANS" BEZEICHNET?

A) Al-Fatiha
B) Al-Ikhlas
C) Al-Baqarah

WAS IST DIE "HIDSCHRA"?

A) Die Nacht, in der der Koran offenbart wurde
B) Die Pilgerreise nach Mekka
C) Die Auswanderung des Propheten Mohammed von Mekka nach Medina

Sure 94, Verse 5-6 (Asch-Scharh, 5-6)

"Wahrlich, mit der Erschwernis kommt die Erleichterung."

Manchmal gibt es schwierige Zeiten, aber Allah sagt uns, dass es danach immer wieder leichter wird. Nach jedem Regentag kommt auch irgendwann die Sonne wieder raus. Selbst wenn etwas schwer ist, wie eine Prüfung in der Schule oder ein Streit mit einem Freund, wird es besser werden. Allah hilft uns, durch schwierige Zeiten zu kommen und zeigt uns danach etwas Gutes.

Was hilft dir, wenn du dich traurig oder frustriert fühlst?

Verbinde die Punkte und male aus:

Sure 2, Vers 185 (Al-Baqarah, 185)

"Der Monat Ramadan ist es, in dem der Koran als Führung für die Menschen herabgesandt wurde."

Dieser Vers erklärt uns, warum der Ramadan ein so besonderer Monat ist. Es ist der Monat, in dem der Koran zu uns kam. Der Koran ist wie ein Wegweiser, der uns zeigt, wie wir leben sollen. Im Ramadan erinnern wir uns daran, wie wichtig es ist, dem Koran zu folgen und gute Dinge zu tun.

Was magst du am Ramadan besonders? Und was nicht so?

Bastle eine Ramadan-Laterne

HAST DU LUST, EINE SCHÖNE RAMADAN-LATERNE ZU BASTELN? SIE SIEHT NICHT NUR TOLL AUS, SONDERN BRINGT AUCH DIE FESTLICHE STIMMUNG DES RAMADANS IN DEIN ZUHAUSE.

Du brauchst: ein großes Stück farbiges Papier oder Karton (ungefähre Größe: 30x20cm), eine Schere, Klebstoff oder Klebeband, Transparentpapier in verschiedenen Farben, einen Bleistift, ein Lineal. Optional: Glitzer, Aufkleber oder Farben für zusätzliche Dekoration

So gehst du vor:

1. Lege das farbige Papier vor dich und schneide es (wenn nötig) so zurecht, dass sich eine Laternenform nach deinen Vorstellungen ergibt, wenn du es zusammenrollst.
2. Male jetzt mit Bleistift Fenster auf das Papier und schneide sie vorsichtig aus. Diese können verschiedene Formen haben, wie Quadrate, Kreise oder Sterne.
3. Klebe hinter jedes Fenster ein Stück Transparent- oder Seidenpapier. Das sorgt für einen schönen, farbigen Lichteffekt.
4. Rolle das Papier oder den Karton und klebe die Ränder mit Klebstoff oder Klebeband zusammen.
5. Schneide ein rundes Stück Papier oder Karton in der Größe der Öffnung aus. Dies wird der Boden deiner Laterne.
6. Klebe den Boden von innen an einem Ende der Laterne fest. Das geht am einfachsten mit Klebeband.
7. Dekoriere deine Laterne mit Glitzer, Aufklebern oder bemale sie nach deinen Wünschen.

IN DIESER WOCHE MÖCHTE ICH ...

☐ mehr lernen über:

☐ meiner Familie helfen bei:

☐ diese gute Tat vollbringen:

☐ etwas Neues ausprobieren und zwar:

☐ mir jeden Tag ein paar Minuten Zeit nehmen für:

☐ etwas Besonderes mit meiner Familie machen und zwar:

☐ jemandem eine Freude machen und zwar:

☐ mir selbst etwas Gutes tun, indem ich:

Sure 96, Vers 1 (Al-Alaq, 1):

"Lies im Namen deines Herrn, der erschaffen hat."

Dieser Vers erinnern uns daran, wie wichtig es ist, zu lernen und neugierig zu sein. Allah möchte, dass wir Bücher lesen, Fragen stellen und die Welt um uns herum erforschen. Jedes Mal, wenn wir etwas Neues lernen, verstehen wir die Welt ein bisschen besser. Es ist, als ob Allah uns auf eine Entdeckungsreise schickt.

Was ist etwas Neues, das du gerne lernen möchtest?

Mitten in der Nacht

Der Ramadan ist eine besondere Zeit!
Eine Zeit, in der du regelmäßig nachts
wach bist, wenn noch der Mond am Himmel steht
und andere Menschen die Magie der Nacht
einfach verschlafen. Der Mond spielt im
Ramadan eine wichtige Rolle, weil er uns sagt,
wann der Ramadan beginnt und endet. Aber
hast du dir schon mal die Zeit genommen, den
Sternenhimmel genau zu betrachten?

Nimm dir heute Abend ein paar Minuten Zeit,
um nach draußen zu schauen. Was siehst du am
Himmel? Schnapp dir ein paar Stifte und male
hier den heutigen Nachthimmel. Vielleicht siehst
du sogar Sternenbilder? Oder du erkennst
Mondkrater?

Wenn du möchtest, kannst du diesen magischen
Nacht-Moment auch nutzen, um einen Wunsch
ins Universum zu schicken: Denk an etwas, das
du dir sehr wünschst, schau in den unendlichen
Himmel und stell dir vor, wie dein Wunsch wahr
wird. Wer weiß, vielleicht geht er ja wirklich in
Erfüllung? Viel Spaß beim Entdecken, Malen und
Wünschen!

Sure 14, Vers 7 (Ibrahim, 7):

"Und als euer Herr verkündete: 'Wenn ihr dankbar seid, will Ich euch gewiss mehr geben.'"

In diesem Vers sagt uns Allah, wie wichtig es ist, dankbar zu sein. Wenn wir uns für die Dinge bedanken, die wir haben, wie unsere Familie, Freunde oder unser Zuhause, wird Allah uns noch mehr Grund geben, dankbar zu sein. Es geht dabei nicht nur darum, „Danke" zu sagen, wenn wir etwas bekommen, zum Beispiel ein Geschenk. Vor allem geht es darum, wie wichtig und schön es ist, sich wirklich dankbar zu fühlen für all die kleinen und großen Geschenke Allahs in unserem Leben.

Wie zeigst du anderen, dass du dankbar bist?

Kreuzworträtsel mit Ramadanfragen

Horizontal

(2) So heißt das Fest am Ende des Ramadans (Kurzform)

(4) Dieses Essen nimmst du vor Sonnenaufgang ein, um dich auf das Fasten vorzubereiten.

(5) So heißt das besondere Nachtgebet während des Ramadans.

Vertikal

(1) Welches Wüstentier kommt manchmal in Geschichten über den Ramadan vor?

(3) Diese Frucht wird oft zum Fastenbrechen verwendet.

(6) Wie oft beten Muslime täglich? ... Mal.

(7) Ein Akt des Gebens und Teilens im Ramadan.

Sure 76, Vers 9
(Al-Insan, 9)

"Wir speisen euch nur um Allahs willen;
wir wollen von euch weder Belohnung
noch Dank."

In diesem Vers lernen wir, dass es gut ist, anderen zu helfen, ohne dafür eine Belohnung oder ein Dankeschön zu erwarten. Einem Freund in Not würdest du wahrscheinlich auch helfen, ohne dafür eine Bezahlung zu verlangen. So sollen wir mit allen Menschen umgehen.

Kannst du dich an eine Situation erinnern, in der du jemandem geholfen hast, einfach nur, weil es das Richtige war?

Glückssteine bemalen

Mach heute einen Spaziergang und halte deine Augen nach schönen, glatten Steinen offen. Wenn du wieder zu Hause bist, kannst du sie bemalen oder auch mit kurzen Botschaften beschriften. Diese individuellen Glückssteine eignen sich wunderbar als kleines Geschenk für die Eid-Feier. Bemalen kannst du die Steine zum Beispiel mit Acrylfarben, Acrylstiften oder ölbasierten Farben.

Sure 57, Vers 21 (Al-Hadid, 21)

"Eilt hin zu Vergebung von eurem Herrn und zu einem Paradies, dessen Breite wie die Breite des Himmels und der Erde ist."

Stell dir vor, Allah lädt uns alle zu einem wunderschönen Ort ein, der so groß ist wie der ganze Himmel und die ganze Erde. Dieser Ort heißt Paradies und ist ein ganz besonderer Platz, wo alles schön und friedlich ist. Um dorthin zu kommen, sagt uns Allah, dass wir schnell sein sollen, wenn es darum geht, Gutes zu tun und um Vergebung zu bitten, wenn wir Fehler machen. Es ist ein bisschen wie ein Wettlauf, bei dem es nicht darum geht, wer am schnellsten rennt, sondern wer am schnellsten und eifrigsten hilft, freundlich ist und sich entschuldigt, wenn etwas schiefgegangen ist.

Was stellst du dir unter dem Paradies vor? Du kannst in den Kasten schreiben oder malen.

Schreib Geschichte!

Im Ramadan hast du jede Menge Zeit, um in dich zu gehen und
deine Kreativität zu entdecken. Heute kannst du mal deine
literarische Seite ausleben! Schreibe ein Gedicht oder eine
kurze Geschichte über den Ramadan. Damit es auch nicht zu
einfach wird, gibt's natürlich noch eine kleine Herausforderung.
Baue die folgenden Wörter (oder einige davon) ein:
Dattelkern, Sternenlicht, glitzern, ahnen, müde, schön.

Sure 11, Vers 115 (Hud, 115):

"Und sei geduldig; denn wahrlich, Allah lässt das Werk der Gerechten nicht verloren gehen."

Allah sagt uns, dass wir geduldig sein sollen, auch wenn es manchmal schwierig ist. Wenn du hart an etwas arbeitest oder immer nett zu anderen bist, auch wenn sie es nicht sind, wird Allah das sehen und dich dafür belohnen. Es ist, als ob jedes gute Werk, das du tust, wie ein kostbarer Schatz ist, den Allah für dich aufbewahrt.

Kannst du dich an eine Zeit erinnern, in der du geduldig sein musstest? Wie hast du dich dabei gefühlt?

Ideen für soziale Projekte

WAHRSCHEINLICH HAST DU ZU BEGINN DER RAMADAN-ZEIT BEREITS EIN KLEINES, SOZIALES PROJEKT DURCHGEFÜHRT. VIELLEICHT HAST DU BEREITS FESTGESTELLT, WIE VIEL SPASS ES MACHT, ANDEREN ZU HELFEN. HIER FINDEST DU WEITERE IDEEN.

BASTLE JEMANDEM EIN GESCHENK

Es macht viel Spaß, etwas zu basteln und zu verschenken. Du könntest zum Beispiel kleine Karten oder Kunstwerke erstellen und sie Freunden oder Familienmitgliedern schenken. Es zeigt ihnen, dass du an sie denkst und kommt direkt von Herzen! Am Ende dieses Buches findest du auch noch weitere Bastelideen.

PFLANZE BLUMEN ODER BÄUME

Hast du Lust, deine Umgebung zu verschönern? Mit deinen Eltern oder Freunden könntest du Blumen oder Bäume pflanzen. Das sieht nicht nur toll aus, sondern hilft auch der Natur!

SAMMLE SACHSPENDEN FÜR TIERHEIME

Viele Tierheime freuen sich über Spenden wie Decken, Spielzeug oder Futter. Sammle solche Dinge und bringe sie zu einem Tierheim. Die Tiere werden sich freuen!

BÜCHER-TAUSCH-AKTION

Organisiere eine Bücher-Tausch-Aktion in deiner Schule oder Nachbarschaft. So können alle ihre gelesenen Bücher gegen neue eintauschen, ohne sie neu kaufen zu müssen.

HILF ÄLTEREN NACHBARN

Vielleicht gibt es ältere Menschen in deiner Nachbarschaft, die Hilfe im Garten oder beim Einkaufen brauchen könnten. Frag doch einfach mal nach, ob du helfen kannst. Auch kleine Gesten können eine große Hilfe sein!

Sure 28, Vers 56
(Al-Qasas, 56)

"Du kannst niemanden rechtleiten,
den Allah nicht rechtleiten will."

Dieser Vers erinnert uns daran, dass wir nicht alles kontrollieren können. Manchmal wollen wir, dass unsere Freunde oder Familie etwas Bestimmtes tun, aber wir können sie nicht zwingen – selbst wenn wir das Gefühl haben, dass sie sich damit selbst nicht guttun. Wir sollen unser Bestes tun und den Rest Allah überlassen.

Wie gehst du damit um, wenn jemand deine Meinung oder deine Ideen nicht teilen will?

Kleine Achtsamkeitsübung

WAHRSCHEINLICH KENNST DU DAS: DU BIST DRAUSSEN UNTERWEGS, EIGENTLICH IST ES EIN SCHÖNER TAG. ABER GEDANKLICH BIST DU NOCH BEI DEM STREIT MIT DEINEM BESTEN FREUND. ODER BEI DER BEVORSTEHENDEN MATHEARBEIT. DAS IST GANZ NORMAL, ABER ES IST AUCH WICHTIG, MANCHMAL EINFACH GANZ BEWUSST IM HIER UND JETZT ZU SEIN. ACHTSAMKEIT BEDEUTET, GENAU ZU BEMERKEN, WAS GERADE UM DICH HERUM UND IN DIR PASSIERT. DAS HILFT DIR, DICH BESSER ZU FÜHLEN UND DIE SCHÖNEN MOMENTE DES LEBENS MEHR ZU GENIESSEN. HIER SIND DREI EINFACHE ACHTSAMKEITSÜBUNGEN, DIE DU JEDEN TAG MACHEN KANNST:

1. FARBENSPIEL

Schau dich um und suche nach Dingen einer bestimmten Farbe, zum Beispiel Blau. Wie viele blaue Dinge kannst du finden? Konzentriere dich wirklich nur auf diese Suche und merke, wie du alles andere um dich herum vergisst.

2. ATEMBEOBACHTER

Setze dich für ein paar Minuten ruhig hin, schließe deine Augen und achte nur auf deinen Atem. Spüre, wie die Luft ein- und ausströmt. Wenn Gedanken kommen, ist das okay. Lass sie einfach vorbeiziehen wie Wolken am Himmel.

3. GERÄUSCHDETEKTIV

Halte einen Moment inne und höre genau hin. Welche Geräusche hörst du? Vielleicht das Ticken einer Uhr, das Zwitschern eines Vogels oder das Rauschen des Windes? Versuche, alle Geräusche zu erkennen und wo sie herkommen.

Sure 17, Vers 37
(Al-Isra, 37)

"Und wandle nicht auf der Erde hochmütig;
denn du kannst weder die Erde durchbohren
noch die Berge an Höhe erreichen."

Allah sagt uns in diesem Vers, dass wir nicht zu stolz
sein sollen. Egal wie stark oder klug wir sind, wir
können nie so mächtig sein wie die Berge oder die Erde.
Wir sollen bescheiden sein und uns daran erinnern,
dass wir alle gleich sind. Es ist wie in der Schule, wo
jeder Schüler wichtig ist, egal wie gut er im Sport oder
in Mathe ist.

Was bedeutet „bescheiden sein" für dich?

Sure 2, Vers 195
(Al-Baqarah, 195)

"Und spendet auf dem Weg Allahs und stürzt
euch nicht mit eigener Hand
ins Verderben; und tut Gutes!
Siehe, Allah liebt die Gutes Tuenden."

In diesem Vers werden wir ermutigt, anderen zu helfen und Gutes zu tun. Allah möchte nicht, dass wir uns oder anderen schaden. Es ist, als ob du in der Schule ein schönes Bild malst und es jemandem schenkst, der traurig ist. Allah liebt es, wenn wir nett zu anderen sind und ihnen helfen.

Wie fühlst du dich, wenn du jemandem hilfst?

Schoko-Datteln: Deine süße Eid-Überraschung

MÖCHTEST DU FÜR EID ETWAS SÜSSES UND BESONDERES SELBST ZUBEREITEN? WIE WÄRE ES MIT SCHOKOLADEN-DATTELN? SIE SIND EINFACH ZU MACHEN UND SCHMECKEN HIMMLISCH.

Du brauchst: (Entkernte) Datteln (so viele, wie du möchtest), ganze Mandeln oder Walnüsse, dunkle oder Milchschokolade (etwa 100-200 Gramm, je nach Anzahl der Datteln), Kokosraspeln oder gehackte Nüsse für die Dekoration (wenn du magst)

So gehst du vor:

1. Wenn du frische Datteln mit Kern hast, musst du sie im ersten Schritt entkernen. Schneide sie dafür an einer Seite auf und entferne vorsichtig den Kern. Wenn du entkernte Datteln verwendest, kannst du bei Schritt 2 beginnen.
2. Leg in jede Dattel eine Mandel oder ein Stück Walnuss. Drück die Dattel leicht zu, damit die Füllung gut hält.
3. Zerbrich die Schokolade in kleine Stücke und schmelze sie in einer Schüssel über einem Wasserbad oder vorsichtig in der Mikrowelle.
4. Tauch jede gefüllte Dattel in die geschmolzene Schokolade, bis sie ganz bedeckt ist.
5. Bevor die Schokolade fest wird, kannst du die Datteln in Kokosraspeln oder gehackten Nüssen wälzen für eine extra leckere Dekoration.
6. Leg die Schokoladen-Datteln auf ein mit Backpapier ausgelegtes Tablett oder Teller und lass sie im Kühlschrank fest werden.

Sure 42, Vers 36 (Asch-Schura, 36)

"Und was immer euch an Gaben gegeben wird, das ist nur ein Genuss des irdischen Lebens. Und das, was bei Allah ist, ist besser und beständiger für diejenigen, die glauben und auf ihren Herrn vertrauen."

In diesem Vers werden wir daran erinnert, dass die Dinge, die wir haben, wie Spielzeuge oder Süßigkeiten, nur kurzfristige Freuden sind. Die Liebe und die Belohnungen von Allah sind viel wichtiger und bleiben für immer. Wir sollen an Allah glauben und ihm vertrauen, denn das macht uns wirklich glücklich.

Zeichne ein Bild von etwas, das dir Glück bringt und nicht gekauft werden kann.

Veranstalte heute eine Fotochallenge mit deiner Familie und wenn du magst auch deinen Freunden, die Ramadan feiern. Denkt euch schöne, lustige, verrückte oder besonders elegante Outfits aus. Oder vielleicht ist es auch nur ein besonderes Kleidungsstück, das so gar nicht zum Rest passt? Die kuscheligen Dino-Socken gepaart mit dem Festtagsoutfit zum Beispiel? Denkt euch was aus und haltet das Ganze in witzigen Fotos fest.
Vielleicht wollt ihr euer Outfit auch mit einer Drehung, einem Sprung oder mit einer witzigen Pose präsentieren? Viel Spaß dabei! Hier kannst du das beste Fotos einkleben:

Eid Zeremonien weltweit

EID AL-FITR, AUCH BEKANNT ALS ZUCKERFEST, WIRD WELTWEIT VON MUSLIMEN GEFEIERT, WOBEI JEDE KULTUR IHRE GANZ EIGENEN TRADITIONEN HAT.

1. TÜRKEI - ZUCKERFEST MIT SÜSSIGKEITEN UND SCHATTENPUPPENTHEATER

In der Türkei wird das Zuckerfest oft als "seker Bayramı" (Fest der Süßigkeiten) bezeichnet. Kinder gehen von Tür zu Tür, um Süßigkeiten zu sammeln. Eine besondere Attraktion ist das traditionelle Schattenpuppentheater, bekannt als "Karagöz ve Hacivat", das oft während des Festes aufgeführt wird.

2. INDONESIEN - MUDIK, DIE HEIMREISE

In Indonesien ist "Mudik", die Praxis der Rückkehr in die Heimatstädte oder Dörfer, um Eid mit der Familie zu feiern, eine bedeutende Tradition. Straßen sind oft überfüllt, da Millionen von Menschen reisen.

3. INDIEN UND PAKISTAN - MEHNDI UND EIDI

In Indien und Pakistan ist das Auftragen von Mehndi (Henna) auf den Händen und Füßen der Frauen ein wesentlicher Bestandteil der Festlichkeiten. Kinder erhalten von den älteren Familienmitgliedern auch "Eidi", kleine Geldgeschenke.

4. ÄGYPTEN - FANOOS-LATERNEN

In Ägypten ist das Aufhängen von bunten Laternen, bekannt als "Fanoos", ein charakteristischer Brauch. Ursprünglich dienten diese Laternen dazu, den Weg zur Moschee zu beleuchten.

5. MALAYSIA UND SINGAPUR - OFFENE HÄUSER UND KETUPAT

In Malaysia und Singapur ist die Praxis des "Offenen Hauses" (Rumah Terbuka) beliebt, bei der Menschen unabhängig von ihrer Religion eingeladen werden, gemeinsam zu feiern. Ein traditionelles Gericht ist "Ketupat", ein gepresster Reiskuchen in einem Webmuster aus Palmenblättern.

6. SAUDI-ARABIEN - ARDAH-TANZ

In Saudi-Arabien wird Eid oft mit dem traditionellen "Ardah"-Tanz gefeiert, einem Kriegstanz mit Schwertern, begleitet von Trommeln und Gedichten.

7. NIGERIA - DURBAR-FESTIVAL

In einigen nigerianischen Regionen, insbesondere in Kano, ist das Durbar-Festival ein Höhepunkt der Eid-Feierlichkeiten. Es umfasst prächtige Pferdeparaden und zeigt das kulturelle Erbe.

8. BOSNIEN UND HERZEGOWINA - TRADITIONELLE KLEIDUNG

In Bosnien und Herzegowina tragen viele Menschen traditionelle Kleidung, besonders auf dem Land, und besuchen Freunde und Familie, um gemeinsam zu feiern.

9. BANGLADESCH - BOOTSFAHRTEN UND SÜSSIGKEITEN

In Bangladesch ist es üblich, mit Booten auf den Flüssen zu fahren und spezielle Süßigkeiten wie "Semitai" und "Jilapi" zu genießen.

Eid Special:

AUF DIESEN SEITEN FINDEST DU WEITERE IDEEN, WIE DU FÜR EID AL-FITR SELBST DEKO ODER GESCHENKE HERSTELLEN KANNST. WIE WÄRE ES MIT DIESEN SELBSTGEMACHTEN GESCHENKEN?

HANDGEMACHTE GRUSSKARTEN:

Bastle individuelle Karten mit schönen Botschaften, Verzierungen und vielleicht sogar einem kleinen Gedicht oder einem Zitat.

GEBACKENE LECKEREIEN:

Backe Kekse, Cupcakes oder ein kleines Gebäck und verziere sie festlich. Verpacke sie in einer schönen Box oder Tüte.

SELBSTGEMACHTE DUFTKERZEN:

Stelle Duftkerzen her, indem du Wachs (z.B. Wachsreste alter Kerzen) schmilzt und mit ätherischen Ölen mischst. Gieße sie in kleine Gläser oder Dosen.

SELBSTGEMACHTER SCHMUCK:

Kreiere einfache Armbänder, Halsketten oder Ohrringe mit Perlen oder anderen Bastelmaterialien.

FOTO-COLLAGE ODER -RAHMEN:

Stelle eine Collage aus gemeinsamen Fotos zusammen oder verziere einen Bilderrahmen und füge ein besonderes Foto ein.

GEMALTE ODER GEZEICHNETE KUNSTWERKE:

Erstelle ein kleines Gemälde oder eine Zeichnung, die für die Person, die das Geschenk erhält, eine besondere Bedeutung hat.

... ODER MIT DIESEN SELBSTGEMACHTEN DEKO-IDEEN?

TISCHDEKO MIT TEELICHTERN:

Verwende kleine Gläser oder Teelichthalter und dekoriere sie mit Bändern, Perlen oder bemalten Mustern, um festliche Teelichter zu kreieren. Du kannst auch etwas Sand einfüllen.

FENSTERBILDER MIT TRANSPARENTPAPIER:

Schneide Formen wie Sterne, Monde oder Moscheen aus Transparentpapier aus und klebe sie an die Fenster, um farbenfrohe Lichteffekte zu erzielen.

BLUMENGESTECKE:

Stelle kleine Blumengestecke aus frischen oder künstlichen Blumen zusammen, die du in dekorativen Vasen oder Gläsern arrangierst.

SELBSTGEMACHTE FANOOS-LATERNEN:

Bastle traditionelle Fanoos (Ramadan-Laternen) aus farbigem Papier oder alten Konservendosen, die mit Mustern durchlöchert und bemalt werden.

ORIGAMI-DEKORATIONEN:

Falte einfache Origami-Figuren, wie Vögel oder Blumen, und verwende sie als Tischdeko oder hänge sie auf.

HANDGEMALTE TISCHSETS:

Gestalte Tischsets aus festem Papier oder dünnem Karton und verziere sie mit Mustern, Eid-Botschaften oder Zeichnungen.

BUNTE PAPIERGIRLANDEN:

Schneide Streifen aus buntem Papier und verbinde sie zu einer langen Girlande. Du kannst Kreise, Dreiecke oder andere Formen verwenden, um sie interessanter zu gestalten.

Lösungen

Tag 3:

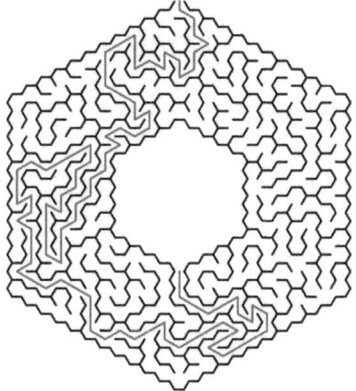

Tag 6:

1. Was passiert in der Nacht von Laylat al-Qadr?
Lösung: B) Die ersten Verse des Korans wurden offenbart.

Laylat al-Qadr, oft als "die Nacht der Bestimmung" bezeichnet, gilt als die Nacht, in der die ersten Verse des Korans an den Propheten Mohammed offenbart wurden. Diese Nacht fällt in den letzten zehn Tagen des Ramadan und wird als besonders heilig angesehen. Muslime glauben, dass Gebete in dieser Nacht eine besondere Bedeutung und Wirkung haben.

2. Was bedeutet das Wort "Ramadan"?
Lösung: C) Brennende Hitze oder Trockenheit

Das Wort "Ramadan" leitet sich von der arabischen Wurzel "ramida" oder "ar-ramad" ab, was so viel wie brennende Hitze oder Trockenheit bedeutet. Dieser Name erinnert an die heißen Sommer in der arabischen Region, wo der Islam entstand. Weil der islamische Kalender sich nach dem Mond richtet, kann der Ramadan in verschiedene Jahreszeiten fallen, manchmal auch in den Sommer, wenn es wirklich sehr heiß ist.

3. Was machen Muslime am Ende des Ramadans?
Lösung: B) Sie feiern ein Fest namens Eid al-Fitr

Am Ende des Ramadan feiern Muslime das Fest des Fastenbrechens, bekannt als Eid al-Fitr. Es ist ein Tag der Freude und des Dankes, der oft mit einem gemeinschaftlichen Gebet beginnt, gefolgt von Festmahlen, Geschenken und dem Zusammensein mit der Familie und Freunden. Eid al-Fitr markiert das Ende des Fastenmonats und wird von Muslimen weltweit gefeiert.

Tag 9:

4	6	8	1	9	3	7	2	5
3	5	9	2	4	7	6	8	1
2	7	1	8	5	6	4	3	9
9	8	7	5	3	2	1	6	4
5	3	4	9	6	1	2	7	8
1	2	6	4	7	8	5	9	3
7	4	5	6	8	9	3	1	2
6	9	2	3	1	5	8	4	7
8	1	3	7	2	4	9	5	6

Tag 12:

M	E	K	D	Q	W	M	U	F	S	O	D	Q
X	U	G	Z	I	Q	O	Y	Z	G	S	H	C
I	F	T	A	R	N	D	Q	H	T	F	H
T	E	I	D	E	A	D	Y	R	X	U	A	S
M	D	T	E	S	A	H	U	R	R	R	S	B
S	O	L	L	Z	D	V	N	X	E	A	T	Y
K	B	S	T	T	I	H	B	M	I	M	E	B
C	S	S	C	D	U	K	K	L	C	A	N	E
C	Z	Y	L	H	L	O	O	T	S	D	U	R
E	H	A	G	J	E	G	A	R	I	A	A	J
A	I	C	K	E	P	E	D	X	A	N	M	Z
D	M	P	A	A	O	A	W	V	K	N	N	L
K	J	A	L	P	T	O	H	M	N	G	W	R

Tag 14:

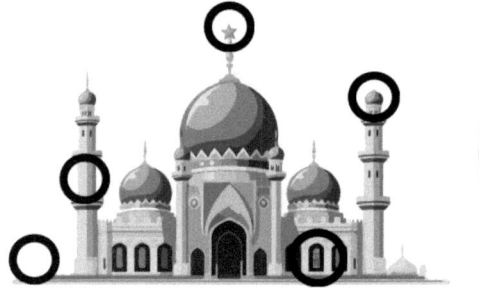

Tag 17:

Tag 19:

1.Wer war der erste Mensch, der den Koran aufschrieb?
Lösung: C) Die Gefährten des Propheten Mohammed

Der Prophet Mohammed selbst schrieb den Koran nicht auf.
Stattdessen erzählte er seinen Gefährten, was Allah ihm gesagt hatte,
und sie schrieben es auf. Diese Gefährten waren Freunde und
Anhänger des Propheten Mohammed. Sie halfen, die Worte des Korans
aufzuschreiben, damit alle Menschen sie lesen und verstehen können.

2. Welche Sure wird oft als das "Herz des Korans" bezeichnet?
Lösung: B) Al-Ikhlas

Die Sure Al-Ikhlas wird oft als das Herz des Korans bezeichnet, weil sie sehr wichtig ist und viel über Allah sagt. Sie ist kurz, hat aber eine große Bedeutung. In dieser Sure erfahren wir, dass es nur einen Allah gibt und dass nichts und niemand so ist wie Er.

3. Was ist die "Hidschra"?
Lösung: C) Die Auswanderung des Propheten Mohammed von Mekka nach Medina

Die Hidschra ist ein besonderes Ereignis in der Geschichte des Islam. Es war die Zeit, als der Prophet Mohammed und seine Anhänger von Mekka nach Medina umzogen. Sie mussten wegziehen, weil es in Mekka schwierig für sie war, ihren Glauben zu leben. Diese Reise war sehr wichtig und markiert den Beginn des islamischen Kalenders.

Tag 23:

(1) Kamel
(2) Eid
(3) Dattel
(4) Sahur
(5) Taraweeh
(6) fuenf
(7) Zakat